Le conte futur

Paul Adam

Alpha Editions

This edition published in 2022

ISBN : 9789356893696

Design and Setting By
Alpha Editions
www.alphaedis.com
Email - info@alphaedis.com

Contents

I

Philippe pressentit dans les lettres de son oncle le dessein d'unir Philomène au commandant de Chaclos. L'angoisse extrême qui le prit alors au coeur l'étonna d'abord. Sa cousine comptait cinq ans de plus que lui. En outre, elle avait un caractère grave, et elle agréerait certes mal les turbulences du cornette aux Guides qu'il était.

Mais, à l'encontre de ces raisonnements et à mesure que le colonel, par sa correspondance, dissipait l'espoir d'une négation, Philippe apprit à connaître la douleur. L'image de la jeune fille veilla sans pitié sur la torture de son esprit amoureux.

Maintenant, le voici sans force, étendu contre les coussins du wagon. Avec hébétude, il suit les maigres allures du commandant attentif aux cent petits cartons rapportés de la capitale, et qui renferment les cadeaux de corbeille. Comment ne s'aperçoivent-ils pas de son désespoir, ni cet homme, ni le colonel? Comment ne le virent-ils pas blêmir, lorsqu'ils entrèrent au mess des Guides en brandissant la permission obtenue de son général «pour assister à un mariage dans la famille?»

Ils ne remarquent rien, ni l'atroce crispation du sourire par lequel il répond à leurs phrases joyeuses, ni la sueur qui glace ses tempes, le cuir de son bonnet de police.

Le colonel commence même à dormir en paix.

Aux portières le paysage déroulé lui précise dans le souvenir les heures de ce même voyage fait naguère avec elle. Son oncle était venu le chercher à l'Ecole militaire après les examens de sortie, et, durant ce voyage, elle lui était apparue ainsi qu'une âme extraordinaire, instruite en toutes les sciences et portant sur le monde des jugements inattendus.

—Oui, répond le commandant, des jugements inattendus. Elle a tout étudié, n'est-ce pas, recluse dans ce fort où l'attache la situation de son père.... Il n'y a plus un mur, chez elle, qui ne soit tapissé de livres....

—Voici le centre de notre patrie, mon commandant, vous l'a-t-elle appris... ici même, où le sol ferrugineux se révèle par cette pente soudaine surgie devant les bâtisses plates des fabriques....

—Le coeur de notre république du Nord? Voyez, comme il monte, ce sol, vers le pâle firmament de brumes. Il recouvre, peu à peu, sur l'horizon les tours fumantes des distilleries et des forges.

—Elle vous a confié son amour pour les pauvres?

—Elle a un extraordinaire amour pour les pauvres.

—Ici, disait-elle, sur la hauteur, le pâtre vit plus heureux parce que la masse des terres abat le son des cloches industrielles, l'appel à la souffrance quotidienne des troupeaux ouvriers....

—C'est une âme élue, Philippe, une âme élue.... Pourrai-je lui valoir assez de bonheur?

Ils s'examinèrent; ils écoutèrent leur silence.

—Le plateau! dit le commandant.

Là, le sol semblait avoir bondi tout à coup hors des plaines brunes de labour, et avoir entraîné dans ce saut des falaises de craie, d'inaccessibles roches, des touffes de sapins et de bouleaux, des pans de prairie, un bois entier de hêtres, même quelques villages blottis dans des cavités pleines de fougères et d'yeuses.

—Avez-vous connu sa mère?

—Non, mon commandant, je n'ai pas connu sa mère. Elle est morte si jeune!

—... Philomène lui ressemble d'âme. Sa mère contemplait toujours son idée de Dieu; elle contemple aussi la douleur du monde....

—Le Christ, le même Christ sous ses deux formes....

—Des mystiques!... Tenez, voici le plateau qui s'étale par dessus le pays.... La terre est rouge de matières ferrugineuses....

—Ah! ah!... Le fer ne fait-il pas couler le sang, tout rouge....

—N'empêche! La terre est si rouge que les gens, à force d'y peiner, en ont pris la couleur....

—Oh! je comprends.... Elle vous l'a dit aussi, cette chose; qu'ici les petits enfants portent déjà sur leur corps rouge le blason du métal dispensateur de leur existence.

—Philippe, pourquoi cette amertume dans votre voix?

—Pour rien, commandant... pour rien.... Nous arrivons à la contrée des Hauts-Fourneaux, et des corons pleins de peuple, et des donjons flamboyants.

—Regardez; cela forme un grand cercle étendu selon un périmètre fixe.

—Sous les canons de la cité octogone dont voici, à ras de terre, les remparts.

—Il faut de la prudence, Philippe, avec ce peuple de pauvres; car il lui arrive de s'exaspérer.

—Descendons-nous? Nous nous promènerons devant les petites maisons si closes, où habitent les familles des magistrats, des percepteurs, des fonctionnaires... que sais-je?...

—Réveillez-vous, colonel.... Quarante minutes d'arrêt pour la douane.... Nous allons nous dégourdir les jambes....

—Hé quoi! fit le colonel.... Sommes-nous à la frontière?

—Peu s'en faut... vous le savez bien: voici la dernière station avant le Fort.

—Diable.... Tenez: à gauche, la maison en briques rouges... où l'on aperçoit des primevères dans le petit parterre, hein?... C'est la demeure du bourreau....

—Ah! ah!... la demeure du bourreau.... Il y a beaucoup d'assassins parce qu'on mange peu.

—Et puis le peuple manque de distractions....

«Au fait, pense Philippe, si rien n'altère les traits de ma face, ni ne décèle ma douleur à leurs yeux, c'est que je m'exagère ma souffrance.... Il faut croire que le malheur ne m'accable pas.... Pourtant il y a comme des cailloux sur ma poitrine quand elle se soulève pour le jeu de respirer...»

Ils vont donc en promenade.

Au pinacle de la cathédrale rococo, le symbole divin du supplice, la croix de fer, impose son signe sur des rues étroites et dures où circule la vie de la cité. Elles mènent du beffroi roidi dans ses dentelles de pierre aux casernes et aux lupanars, à un théâtre d'architecture attique, à un palais de justice Louis XV, à un hôpital de style Empire, à une prison très vaste et très simple, ornée seulement de quelques capucines entretenues, sur une croisée, par la femme du concierge. Ils rencontrent encore vers la citadelle, des manutentions et des magasins de guerre, des petits soldats imberbes qui, sous leurs longues capotes sanglées, ressemblent à des servantes en cotillons, et des officiers éperonnés, moustachus, ronds comme des oeufs, ou bien, fins comme des épis, avec de courtes cravaches à l'aisselle.

Large, bien balayé, éclairé de globes électriques, le boulevard traverse la ville entre des bazars somptueux, qui alternent avec des palais pour Compagnies d'assurances, Sociétés métallurgiques, banques de crédit. Il s'y promène des messieurs évidemment orgueilleux de leurs soucis et des femmes promptes à aimer pour l'avantage de leur bourse ou de leur coeur. Il y court des gaillards chargés de ballots et légèrement ivres. Les étoffes des robes se drapent en harmonie dans les voitures.

Le boulevard conduit hors de la ville, jusqu'à la gare. Après, il devient grand'route et suit, à peu près parallèlement, la direction de la voie ferrée. Les trains franchissent assez vite la région des Hauts-Fourneaux.... On passe entre des ruches humaines (briques brûlées, tuiles rouges, ciments).... Le colonel a repris son somme dans le coin de droite....

—Là, mon commandant, là, dit Philippe: les enfants qui grouillent à terre.... on dirait un essaim de mouches sur une ordure.

—Oh! Philippe, pourquoi parler ainsi des enfants?

—Le linge que lessive cette vieille hideuse dans le baquet... ah! ah!... il se déchire.... Quelle mine désolée!... En vérité, ce linge s'est déchiré jusque dans mon coeur.

—Pourquoi donc parler ainsi?

—Rirez-vous cependant de cette mère si occupée.... A la fois, elle allaite du sein, mouche d'une main, gifle de l'autre, gronde de la bouche, berce du pied et rit de l'oeil au facteur qui passe.... Ces fillettes qui pleurnichent en épluchant des légumes, en tirant l'eau du puits; rirez-vous de leur laideur!... Et les adolescentes qui se nouent des rubans sales dans leurs maigres cheveux....

—Philippe, pourquoi lorgnez-vous le monde avec un verre noir?

—On ne voit pas de vieillards, mon commandant, dans cette cité de pauvres....

—Non... c'est vrai... on n'en voit pas....

—Mais il y a partout de petits cimetières carrés.... Un, deux, trois....

—On ne voit pas non plus les adultes.... Philippe.

—Ils demeurent apparemment tous dans la flamme féerique qui ronfle parmi les cris du métal, sous les dômes des usines....

—Les estaminets aussi paraissent pleins de feux de pipes....

—La douleur s'endort dans l'abrutissement....

—Elle vous a tout dit aussi à vous, Philippe, Philomène vous a tout dit... et voilà que vous reflétez son âme presque autant que la reflète sa petite soeur Francine....

Le cornette se détourne. Il regarde au carreau du wagon. Le plateau devient une bande bossuée de roches. Des fougères géantes y croissent. Peu à peu, le sol verdit. Les arbustes se pressent. Des treillis de fer gardent les faisans dans les chasses. Tout le long, afin de les empêcher de sortir, des gamins sifflent. L'air un peu vif a rendu violets leurs visages creux. Un garde les surveille.

La forêt va naître. Elle court déjà sur les collines de l'horizon. Cependant, les cris du métal poursuivent la fuite du train.

Quand ils cessent, on a franchi bien des lieues bordées de bouleaux et de frênes, entrevu bien des clairières où s'attardent les hordes de daims.

Et, brusquement, le train débouche des branches. La forêt finit net. L'express glisse sur la crête d'un roc qui plonge à pic dans une vallée profonde, pleine de villages blanchissant la lisière des futaies. De très prés à très loin, se courbe un fleuve dont les eaux frisottent entre les arches fréquentes de ses ponts.

Et le roc forme l'éperon du grand plateau rétréci, devenu la pointe défensive de la patrie sur le fleuve frontière. D'ailleurs, les mamelons couvrent les travaux stratégiques du Fort. Des coupoles d'acier s'érigent de la roche. La brique bouche les cavernes. D'arbre en arbre, des fils électriques courent. Par des poternes, les soldats émergent des souterrains. Les ravins sont des cours de caserne où les artilleurs se chamaillent avec des lazzis qui montent d'échos en échos.

Au bout du roc, il y a un jardin devant une maison blanche, un jet d'eau irisé au-dessus d'une vasque, les filles du colonel-gouverneur parées de robes à pois et qui comptent les primevères nées du matin dans la pelouse.

—Bonjour, Philippe... disent-elle, et plus bas: Nous avons senti votre douleur qui s'approchait....

II

Les soldats attachent des lampions à des mâts le long des chemins de ronde. On hisse des drapeaux pleins de noms de victoire. Les vétérans agacent les singes rapportés d'Asie par les troupes du commandant de Chaclos qui fêtent, ce soir-là, leurs succès aux pays d'Orient. Le fort contient mille animaux singuliers, des chiens dépourvus de tout poil, des bouquetins apprivoisés, des perruches loquaces habiles à réciter les poèmes des barbares. On a construit des trophées avec des armes étranges, des sortes de faux dentelées, des sabres courbes couverts de damasquinures, des cuirasses de fer et de laque. Les lunes et les dragons féeriques des étendards conquis flottent sur les arcs de triomphe en branches de sapin. Les chants patriotiques sonnent dans les cantines pleines de monde; et les papiers peints des lanternes dansent au vent.

Chez le colonel, on achève le dessert. Comme la nuit se prépare à luire de tous ses astres, les fenêtres s'ouvrent.... Les deux soeurs viennent sur le balcon pour assister au ciel. En bas, on a ouvert les fenêtres aussi dans la salle des invités où dînent les adjudants.... Aidés par le vin, ils content leurs exploits. Une brave rumeur de gaieté éclate là, pour se propager ensuite par tout le fort, entre les ifs de feu, les lumières tricolores des lanternes, et les lampions des cantines....

Plus bas, la musique prélude... et puis les cuivres donnent l'essor aux sons. Ils s'épandent vers le cours du fleuve qui chatoie dans les ombres....

Francine et Philomène se sont accoudées. La plus jeune des soeurs retient le commandant par son babil.... Philomène murmure vers Philippe:

—Puisque je ne saurais avoir de l'amour, puisque nul jamais ne possèdera mon âme entière, que vous importe?... Hors du monde et hors des hommes, seule ici, parmi ce misérable peuple en livrée de guerre, je me suis créé une vie seconde toute d'idées folles et magnifiques. Je m'y suis retirée pour toujours. Rien ne me touchera plus des choses humaines,—que superficiellement et selon le décor de l'existence.

—La gloire du commandant vous a touchée.

—Certainement je l'aime moins que je ne vous aime; oui, moins. Mais lui n'essaiera pas de pénétrer mon âme intime, de posséder au delà de ce que je lui donnerai de moi.

—Votre corps....

—Voilà où votre jeunesse se déclare et où elle m'effraie.... Qu'est-ce, le corps? Moins que rien. Je ne méconnais cependant pas ma beauté. Je prétends, toutefois, ne pas devenir, pour l'imprudente ardeur de votre âge, un seul instrument de joies.... Cela m'outragerait.

—Laissons... et dites-moi, Philomène.... Vous croyez-vous à jamais incapable, soit d'une compassion, soit d'une admiration telles que vous consentiez au sacrifice de votre orgueil intellectuel et à vous absorber en celui-là....

—Par compassion... qui sait! Par admiration... oui. Mais pour que je l'admire jusque l'adorer... quel héros inouï il me faudrait connaître!

—Simplement celui dont les actes réaliseront le rêve de votre âme.

—Je ne le chérirai donc que mort.... Car quiconque annonce aux hommes une foi nouvelle et agit afin de convertir, quiconque veut offrir, pareil au Christ, l'exemple vivant de la doctrine, celui-là encourt jusque la mort, la haine des hommes. Et il doit tenter le sacrifice pour le sacrifice, ignorant la consolation même de le savoir utile au rachat du monde. Il lui faut aimer le sacrifice en lui-même, sans appât de gloire, pour la seule beauté de mourir inutilement... Mais vous ne comprenez pas.

—Je comprendrai, si vous m'initiez à vous.

Le silence des musiques qui cessèrent alors interrompit leur propos. Dans le calme subit de l'air, on entendit les vantardises des adjudants.

«Ah! ah! nous autres, pendant la campagne de l'Indus, nous mettions nos Asiatiques au bûcher, les pieds en avant; et on les poussait dans le feu à mesure que le bout se consumait.... Quels gaillards. Ils grimaçaient laidement, mais ils ne criaient pas...—Chez nous, dans la Légion, on leur coupait d'abord les tendons du pied avec un canif...—En Ethiopie, nous menions nos prisonniers par vingt au fond des grottes. Devant, on allumait du bois vert, et ils éternuaient leur vie dans la fumée... Tu te le rappelles, Firmin?

«Quand le général nous eut interdit de dépenser la poudre à fusiller les Chinois, on les empilait dans les fosses des rizières et on cassait les têtes à coups de crosse de peur de fausser les baïonnettes.... Leurs crânes sortaient en rangs d'oignons.... Le premier m'a fait de la peine... si jeune, n'est-ce pas, avec de beaux yeux orientaux qui imploraient.... Quoi! la guerre, c'est la guerre. On ne pouvait les emmener en avant, ni les laisser derrière la colonne....—Et puis, quand on entrait dans leurs villages, trouvait-on pas, piquées sur des bambous, les têtes des camarades surpris aux avant-postes? Ça ressemblait même aux doubles files des lampadaires sur les boulevards de la ville. Seulement, les yeux des pauvres diables n'éclairaient plus guère.—Tout ça, mes vieux bougres, ça ne vaut pas encore le coup du commandant de Chaclos—Ah! Dieu de Dieu! mes enfants, j'y étais: quelle marmelade! Moi-même ai posé la cartouche sous la pile du pont.... On les a laissés s'engager, et quand ils y furent en bon nombre... le commandant poussa le bouton de la batterie électrique.... Vlan! Le paquet a sauté!

«On retrouvait des doigts, des nez qui se promenaient tout seuls à plus de deux cents mètres, et des yeux collés contre les arbres, entre les morceaux de cervelle et des bouts de nerfs... et ces yeux-là vous regardaient.... C'était effrayant, mon cher, effrayant!... Du coup, ils battirent en retraite, les survivants. Nous eûmes sans peine leurs positions... et nous voilà ici, victorieux, le verre à la main.... On dresse des arcs de triomphe. Le commandant a eu sa croix.... Vive la guerre donc!... quand on en revient...»

...Francine qui tenait en ses mains une touffe de primevères, les laissa soudain tomber... et elle se passa les paumes sur les tempes comme pour dissiper un cauchemar... Sans doute ne vit-elle pas le geste de M. de Chaclos relevant les corolles éparses afin de les lui remettre, car elle s'enfuit aussitôt; et, avant qu'elle eût gagné la porte, elle s'abattit contre le sol avec des cris affreux, secouée par la convulsion des nerfs.

Durant la maladie qui suivit cette crise, la fillette subit des hallucinations sinistres. Elle voyait dans la fièvre se tracer en images tangibles les souvenirs de guerre contés par les adjudants. On dut écarter d'elle tout l'appareil militaire; les uniformes, les armes, les gravures signalant la bravoure historique. Le son lointain du tambour suffisait pour l'évocation sanglante; et c'était une chose horrible. Elle se dressait menue, hagarde, les mains ouvertes et tendues pour repousser la hideur du rêve... «Oh! disait-elle, que de pauvres vies tranchées... Le fleuve de sang saute les digues.... Les têtes roulent comme des boules.... Les doigts se crispent sur le sabre qui les coupe... Oh! les yeux des mourants... les yeux! les yeux! les yeux!... Le sang monte, monte... Il est à ma bouche... pouah!... il m'étrangle... je ne veux pas...» Et elle retombait dans des crises....

Le mariage de Philomène se trouva retardé par l'état très grave de la petite soeur.... Elle ne la quitta plus. Son affection se fit même plus fervente pour l'être que tous maudissaient. Le colonel entrait dans de grandes fureurs où il souhaitait la mort de cette triste enfant. Les officiers de son entourage, bien qu'ils affectassent de l'indulgence et de la pitié, parlaient sans aisance de ce délire qui flétrissait leur gloire.

D'ailleurs, la légende de la petite prophétesse avait bientôt visité les imaginations des soldats; et ils en causaient tout bas dans les chambrées, avant le couvre-feu. Leurs courages allaient mollir. Dans les rangs, à deux reprises, des recrues se révoltèrent contre les commandements; et on murmurait que l'heure viendrait bientôt où les hommes cesseraient d'apprendre l'art de tuer. On fondrait les canons pour fabriquer des charrues. La fraternité universelle ne tarderait plus à s'épanouir.

III

Or, cela était fort grave, parce qu'on redoutait comme prochain l'immense conflit des nations du Nord, attendu et préparé patiemment depuis plus de trente années. Des signes certains de bataille commençaient à paraître dans le ciel et dans les propos des diplomates. On atteignait aux premiers jours du printemps; et le printemps paraissait, de l'avis de tous les hommes de guerre, le moment le meilleur pour susciter le massacre mutuel des peuples. On redoublait d'activité dans les arsenaux et sur les polygones. Le colonel craignait que le mauvais esprit de sa troupe ne lui fût imputé par les maréchaux inspecteurs, et, pour détourner du raisonnement les intelligences de ses soldats, il les entraînait sans répit dans des marches et des manoeuvres propres à lasser leurs forces morales sous la fatigue physique, et à les rendre dociles à sa main.

Eux, cependant, à courir par les villages et les corons des mineurs, prenaient une peine plus grande. Ils se lamentaient, disant: «En quelle époque barbare, nous vivons encore pour que tant de pauvreté demeure au monde. Nos mères nous enfantent dans le seul but d'un dur labeur, et nous trimons plus que les bêtes, sans avoir, comme les bêtes, le loisir de ne pas penser. Ah! maudite soit l'heure de brève joie où nos tristes pères jetèrent leur semence aux flancs de leurs épouses décharnées. De quel droit nous créèrent-ils puisqu'ils ne pouvaient nous léguer que le désir à jamais inassouvi?

«Et les savants disent que les générations se succèdent dans une voie de progrès, et que l'homme marche à la conquête de Dieu.... Les pouvons-nous croire, puisque nous apprenons seulement l'art de nous égorger, alors que toutes nos forces employées à la seule fin d'améliorer notre sort, ne réussiraient que bien petitement. En vérité, elle a raison la jeune prophétesse qui crie par les nuits que nous demeurons barbares comme les loups, et que jamais nous ne tiendrons le bonheur, parce que nous aimons trop le sang.... Voilà maintenant qu'on a préparé les tambours et les drapeaux.... Il va falloir se ruer sur les pauvres diables des autres nations, sans que nous puissions même comprendre le motif de notre rage.... Nos pieds ont déjà été durcis sur les routes, et nos épaules ne sentent plus le poids du havresac... Voyons, ne se lèvera-t-il pas un homme fort, parmi nous, qui proclamerait enfin la révolution de l'Amour universel?»

Et les petits soldats se poussaient l'un l'autre et ils disaient: «Toi, toi...» mais nul n'osait prendre la parole.

Enfin, le délire de Francine s'atténua. Elle récupéra de la santé et de la raison. Mais quand M. de Chaclos voulut reparler des noces, Philomène lui affirma qu'elle resterait fille. Et il comprit bien qu'elle partageait alors le sentiment de sa soeur, et qu'il lui faisait horreur à cause du sang dont il s'était couvert.

Un peu plus tard, il connut que Philomène s'était fiancée à Philippe.... Cela ne le surprit point, parce qu'il avait entendu presque de leurs conversations, les soirs de primevères.

Le cornette changea de garnison et vint au fort avec un détachement de Guides.

Depuis lors, M. de Chaclos vécut tristement; car il chérissait Philomène selon la ténacité des dernières passions. La presque certitude qu'il avait eue de l'épouser avait rendu plus inébranlable cet amour de la quarantième année. Néanmoins, son âme était noble, il persuada au colonel de marier Philomène et Philippe. Et comme la jeune fille remarquait avec étonnement son entremise, il lui répondit qu'il l'aimait pour elle, non pour lui; et préférait la savoir heureuse aux bras d'un autre, plutôt que malheureuse aux siens. Cela lui vaudrait infiniment moins de douleur.

Quand on sortit de l'église, le cornette dit à sa femme: «Voici que vous vous sacrifiez à moi par compassion. Je tâcherai maintenant de mériter votre admiration.»

La guerre survint....

Le Fort gardait la frontière. On tira de ses coupoles le premier coup de canon.

Les troupes de la ville arrivèrent, et puis ce furent les troupeaux d'ouvriers et de paysans qui descendirent des trains. On les revêtit d'uniformes, on leur distribua des armes. Au dehors, les grandes routes se remplirent d'enfants et de mères qui mendiaient. Les jeunes filles se prostituaient presque pour rien. Sur l'horizon, les donjons des usines cessèrent de flamboyer pour la première fois depuis trente ans. Le boulevard de la ville était plein d'activité parce qu'on avait joué à la baisse des fonds publics, dans les palais des Compagnies d'assurances, Sociétés métallurgiques et banques de crédit. Les hommes d'argent rachetaient déjà en sous main les titres de rente afin de les revendre, avec prime, dès l'annonce du premier avantage.

Pour obtenir ce premier avantage que les dépêches grossiraient habilement, les maréchaux se hâtaient de réunir des hommes sur ce point de frontière. On les arrachait des mines et des sillons. Les fanfares sonnaient. Les drapeaux claquaient. Les actrices en robe blanche, drapées dans les couleurs nationales, chantaient en plein vent, sur des tréteaux construits à la hâte, l'*Amour sacré de la Patrie.* Et les hommes rouges du sol ferrugineux défilaient par masses énormes, remplissant de leurs corps l'espace trop étroit des rues. Les administrateurs des Compagnies ordonnèrent qu'on défonçât des tonneaux de piquette pour échauffer l'enthousiasme. Il s'agissait d'enlever ce précieux avantage, de faire prime sur le marché....

Les gendarmes pressaient les hordes misérables, une houle de têtes rouges battant les tréteaux où les actrices en robes blanches, drapées des couleurs nationales, et les cheveux épars par-dessus le marché, vous chantaient sans lassitude: *Le jour de gloire....*

Encore quelques heures de train, quelques cahots de wagons, et le troupeau, garni de brandebourgs, de galons, de ferblanterie, coiffé de kolbacks, monté sur des chevaux de réquisition, est prêt à conquérir l'avantage (quarante dont un, à la Bourse de demain).

Les caissons roulent sur le caillou des routes. Les escadrons galopent dans les cris clairs du métal. Les régiments tassent le sol sous les six mille souliers d'ordonnance. Les officiers caracolent parmi l'éclat de leur maroquinerie neuve; et voici, sur la cime des collines, où se déroulent des nuages bas, les courts éclairs des pièces ennemies.

Parmi les lignes, il y a des gaillards qui culbutent soudain, en des grimaces de clowns, ou tombent à genoux, ainsi que des illuminés fanatiques, tout ahuris de voir au-delà. D'autres encore s'étalent comme pour dormir, en s'étirant. Et, quand les colonnes ont passé, quand les lignes se sont étendues, il reste, dans la poussière levée, de bonnes têtes rouges qui toussent leur souffle sur des flaques plus rouges....

La campagne demeure verte et claire aux replis du fleuve vif. Les blés couvrent la plaine de leur herbe tendre; et c'est là, dans le creux de la grande vallée, un bon nid d'abondance, aux maisonnettes blanches, aux eaux lumineuses, avec le rebord propice des collines à douces pentes.

A la tête de soixante cavaliers, Philippe commande un poste d'observation. Il voit les routes se noircir de grouillements humains, l'herbe se fleurir des taches éclatantes que donnent les uniformes, les attelages galoper effrénément par les chemins qui sonnent. Ici et là, d'un coup, la flamme se drape au faîte des métairies. Les lignes d'infanterie s'élargissent à travers les plaines. Elles avancent, courent, se couchent, crépitent et pétillent, se relèvent, courent encore, gagnent les abris, les quittent, laissant, à chaque reposoir, des corps crispés dans la verdure.... Autour de lui, il est tant de bruits de fusillade, que l'espace semble frire.

Et tout près, les grosses têtes rougeâtres de ses hommes bleuissent, sous les gourmettes polies des kolbacks, sous l'apparat violent des pompons. Les bottes tremblent dans les étriers qui cliquettent. Les mains épaissies par les labeurs des forges, épongent la sueur des fronts. Il se fait dans les groupes de tristes trafics. Les célibataires prennent le premier rang pour ménager la vie plus utile des pères. «Va... recule, tu as des enfants.... Je n'en ai point... si je crève; tu recueilleras ma vieille mère...»—«Entendu... avance!»

L'adjudant veut rétablir les rangs et il gronde avec d'affreux jurons....

—Laissez, dit Philippe... laissez-les se préparer à la mort comme il leur convient, afin qu'ils ne nous exècrent pas, nous, les bourreaux!...

Un murmure d'étonnement fait frissonner les épaules des Guides, et ils regardent le jeune cornette, dont la face douloureuse s'illumine....

Il pense à ce désespoir humain; il souffre. La compassion de son épouse le navre, parce qu'elle ne peut lui offrir une autre sorte d'amour. Ah! conquérir son admiration par un grand sacrifice, par la beauté de la mort sans gloire....

Un cavalier accourt vers sa troupe.... Le capitaine ordonne que le cornette entraîne ses hommes au galop de charge, en se dissimulant dans le chemin creux.... Sûrement, il atteindra, de la sorte, cette batterie ennemie qui trotte sans défiance pour prendre position.... Le régiment va s'élancer pour le soutenir....

—Les voyez-vous, mon officier. Ils sont à un mille à peine.... Le bois de mélèzes nous dérobe à leurs éclaireurs. Nous les tenons.... Pour charger!! Au galop!!... En avant....

Philippe sent son cheval bondir avec le commandement.... La bête remporte contre sa volonté hésitante. Il voudrait crier: «Arrière!.., trêve de meurtre!... mes camarades...» La bête l'emporte dans la galopade forcenée du peloton. Elle l'emporte comme la force des choses, la fatalité de la vie, le rythme supérieur qui mène les hommes à la douleur, à la mort, à Dieu.

Les talus passent, avec leurs saules étronçonnés, dont les branches divergent ainsi que des bras ivres. La terre saute sous le fer des chevaux. Les hommes soufflent de peur.... On n'arrivera jamais. On arrivera trop tôt....

Le talus a cessé, et, devant eux, ce sont vingt pauvres rustres, couverts de boue, pendus aux courroies d'un canon, que l'attelage tire malaisément dans le labour... Des têtes effarées et livides se tournent vers les Guides.... Des hurlements incompréhensibles s'échangent. Un homme à cheval tire un coup de feu; la flamme semble jaillir de son poing.... Le peloton s'enlève dans un élan dernier, et va s'abattre sur les misérables, dont les mains tremblantes ne trouvent plus les gâchettes des carabines... «Halte!»

Philippe a crié; les chevaux fléchissent sous le coup de bride.... Et, maintenant, il se trouve stupide dans le relatif silence, ne sachant plus pourquoi il a commandé cette halte... d'autant que les artilleurs le couchent en joue... «La paix!» crie-t-il encore... et il continue dans leur langage... «Nous aurions pu vous massacrer.... Mais le temps est venu de l'amour.... Il ne faut plus se tuer.... Il ne faut plus se tuer.... Nous ne voulons plus tuer, nous sommes frères... les pauvres frères humains.... La paix! ne la voulez-vous pas?... Prenons la paix! Aimons-nous!»

Sans doute, les ennemis crurent-ils qu'il annonçait la bonne nouvelle d'une paix réelle, subitement conclue, car ils abaissèrent leurs armes, et puis ce fut un immense éclat de joie. Ils couraient les uns aux autres et ils s'embrassaient. Les Guides se mirent à rire aussi, sans savoir. L'adjudant piqua des deux et repartit vers le régiment.

Philippe ne parlait plus.... Il pressait, entre ses doigts, la touffe de lilas donnée, à son départ, par Francine et Philomène..., et il se réjouissait, en songeant qu'il venait d'agir selon leurs voeux de bonté....

Il allait reprendre ses exhortations à l'amour, lorsqu'il s'aperçut que la troupe ennemie grossissait. Bientôt, ses Guides furent enveloppés par les uniformes verts et blancs des artilleurs. Il voulut s'expliquer, mais un vieil officier survint... qui lui arracha son sabre.... Il était prisonnier....

Par un dimanche, le dimanche qui suivit, au matin, dans le Fort, il passa devant la maison du colonel-gouverneur. L'épanouissement des lilas parait les murs d'une neige suspendue. Les soeurs étaient là qui l'attendaient à la grille. Francine fondit en pleurs, mais Philomène lui parut radieuse. Sa beauté grandie s'exaltait. Elle lui jeta une touffe de lilas qu'elle avait contre ses lèvres. Un soldat de l'escorte la ramassa et la lui remit. Il la porta vers sa bouche.... On descendit par le chemin de ronde. Philomène l'appela du haut de la terrasse... Pendant qu'il en longeait le mur, elle lui disait: «Je t'admire et je t'adore, parce que tu as ouvert l'ère nouvelle de l'amour, et que ton sang va la sanctifier...»

Philippe se sentait tout ébloui, en dedans, d'une gloire indicible. Il se plaça de lui-même devant le poteau et il effeuillait les lilas pendant la lecture de l'arrêt de mort. Repris aux mains de l'ennemi, le conseil de guerre le condamnait pour trahison.

—Vous n'avez rien à ajouter?

—Non.... J'ai préféré mourir à tuer... Me voici prêt à subir... le sort....

On s'écarta. Une minute, il embrassa du regard l'esplanade, le carré des troupes luisant sous le jeune soleil, et les douze exécuteurs qui s'avançaient. Au-dessus d'eux, sur la terrasse, Philomène se tenait droite contre le ciel, ses mains en baiser.

Et elle lui fut l'ange noir qui ouvre aux âmes la porte de la vie nouvelle.

Sans la quitter du regard, le coeur chantant, il commanda le feu.

On sait comment l'exemple du cornette Philippe émut les troupes des nations du Nord. Dans les plaines de Woerth, un mois plus tard, les deux armées, au lieu de se combattre, s'embrassèrent. L'ère de barbarie demeure close à jamais. Le Christ est redescendu.

Printed at Repro India Ltd.